VENTE DU MERCREDI 11 DÉCEMBRE 1867

SALLE N° 5

OBJETS DE VITRINE

ÉMAUX DE LIMOGES

TABATIÈRES; — BIJOUX ANCIENS; — MINIATURES

Provenant du Cabinet d'un Amateur.

EXPOSITION PUBLIQUE
Le Mardi 10 Décembre 1867

COMMISSAIRE-PRISEUR	EXPERT
M° CHARLES OUDART	**M. ÉMILE BARRE**
Boulevard des Italiens, 26.	Rue de la Chaussée-d'Antin, 20.

RENOU ET MAULDE

IMPRIMEURS DE LA COMPAGNIE DES COMMISSAIRES-PRISEURS

Rue de Rivoli, 144.

CATALOGUE

DES

OBJETS DE VITRINE

ÉMAUX DE LIMOGES

Bijoux émaillés et Objets du XVIe siècle.
Ivoires, Miniatures, Tabatières,
Vidrecomes en argent,
Coupes en agate orientale, calcédoine,
jade, etc.,
Éventails, Cristaux de roche,
Statuettes, Bronzes, Flambeaux, Pendules.
Objets Divers.

PROVENANT DE LA COLLECTION D'UN AMATEUR

DONT LA VENTE AURA LIEU

HOTEL DROUOT, SALLE Nº 5

Le Mercredi 11 Décembre 1867.

Par le ministère de Mᵉ **CHARLES OUDART**, Commissaire-Priseur,
Boulevard des Italiens, 26,
Assisté de M. **ÉMILE BARRE**, Expert, rue de la Chaussée-d'Antin, 20,
CHEZ LESQUELS SE DISTRIBUE LE PRÉSENT CATALOGUE.

EXPOSITION PUBLIQUE

LE MARDI 10 DÉCEMBRE 1867.

PARIS — 1867

CONDITIONS DE LA VENTE

Elle sera faite au comptant.

Les Acquéreurs paieront CINQ POUR CENT en sus du prix d'adjudication.

DÉSIGNATION

Émaux de Limoges.

1 — Très-belle Coupe du xvie siècle ; l'intérieur représente un combat de guerriers, le dessous orné de figures mythologiques, le pied décoré de personnages en costume de l'époque.

2 — Coupe plate sur piédouche du xvie siècle avec sujet représentant Judith et Holopherne.

3 — Deux Plaques, représentant des personnages mythologiques, xvie siècle.

4 — Petit Portrait de dame en costume de l'époque de Louis XIII, émail à paillons sur fond bleu turquoise.

5 — Médaillon d'Empereur Romain avec casque orné de fleurs de lys, émail en grisaille.

6 — Autre Médaillon, Domicien, émail en grisaille.

7 — Petit Miroir du xvie siècle, émail à paillons de *Jean Limosin*, représentant Suzanne au bain.

8 — Baiser de paix de la même époque, représentant le Christ en croix et les saintes Femmes.

9 — Deux Cadres contenant les douze apôtres, émaux à paillons de *Courtois*.

10 — Plaque cintrée, représentant un évêque guérissant un malade. A ses pieds portrait du donataire, XVIᵉ siècle.

11 — Petit Médaillon rond de *Pierre Raymond*, représentant Hercule terrassant l'Hydre.

Objets du XVIᵉ Siècle.

12 — Plaque cintrée en cristal de roche, représentant le Christ soutenu par la Vierge et deux Anges, dans sa riche bordure en marbre ornée de bronzes et de pierres dures et signée *Cæsari* 1540.

13 — Riche Bijou en or émaillé, représentant deux chevaux marins, avec camée en onyx, et pendeloques en perle.

14 — Autre Bijou en or émaillé, représentant la Vierge et les Anges.

15 — Deux petits Médaillons en or, montés en cristal de roche, l'intérieur orné d'armoiries en émail supportées par des anges.

16 — Coupe forme coquille avec socle et balustre en jade blanc sculpté.

17 — Plaque ronde en argent repoussé, sujet mythologique, travail très-fin.

18 — Vidrecome en argent doré et repoussé, orné de mascarons et de lys ; le couvercle est surmonté d'une Statuette représentant un guerrier polonais.

19 — Vidrecome en ivoire à trois Médaillons sculptés, sujets bibliques; très-riche monture du xvie siècle en argent doré, repoussé et gravé; le couvercle également en ivoire est surmonté d'une Statuette de guerrier.

20 — Petit Reliquaire du xvie siècle, en argent doré avec sujets en relief, formant tryptique et contenant un calvaire et diverses scènes de la vie du Christ, en bois sculpté.

21 — Statuette en bronze florentin, représentant Minerve tenant à la main un bouclier.

22 — Deux petites Statuettes en bronze florentin, représentant des Amours sur leurs socles en écaille ornés de bronzes.

23 — Deux Plaques Louis XIII, en buis sculpté, représentant l'Annonciation et l'Adoration des Bergers.

24 — Très-beau Peigne en buis sculpté à jour, avec incrustations d'ivoire et marquetterie de bois, *travail vénitien.*

25 — Petit Bijou en or émaillé orné d'émeraudes avec camée.

26 — Médaillon-Portrait de Charles-Quint en peinture à l'huile.

27 — Très-jolie Salière en cristal de roche avec monture en vermeil formée par des Chimères et des Amours.

28 — Petit Médaillon en haut relief, représentant l'Adoration des Mages dans sa bordure en argent. *Ivoire.*

29 — Deux petits Manches de couteaux formés par des groupes d'Amours et des guirlandes de fruits. *Ivoire.*

30 — Pommeau d'Épée, représentant des bustes de personnages en costume de l'époque. *Ivoire.*

31 — Socle avec bas-reliefs, représentant des Amours et des Dauphins. *Ivoire.*

32 — Très-belle Plaque en ivoire, représentant les Trois Grâces, d'après Rubens.

33 — Charmante petite Boîte en ambre brun entièrement sculpté, le couvercle représente l'Éducation d'un faune.

34 — Petite Peinture de *Van Eyck*, la Vierge et l'Enfant Jésus, dans sa petite bordure en ébène, avec ornements en argent.

35 — Petite Miniature à l'huile sur argent, représentant un Seigneur de l'époque Louis XIII.

36 — Tabatière ornée d'une miniature sur vélin, portrait d'un Seigneur de la Cour d'Angleterre.

37 — Petit Médaillon en argent émaillé, orné de grenats, époque Louis XIII.

38 — Belle Coupe en agate orientale avec monture en argent doré et émaillé, orné de pierres précieuses.

39 — Deux petites Coupes à anses prises dans la masse, en agate orientale. Ces deux pièces sont posés sur des socles en bois de fer, représentant des Chimères.

40 — Coupe en spath fluor avec monture en argent repoussé, époque Louis XIII.

41 — Manuscrit, époque Louis XIII avec couverture en maroquin vert et monture en argent, l'intérieur est orné de peintures, étui en maroquin rouge.

Boîtes, Tabatières, Miniatures.

42 — Riche Tabatière Louis XVI en or émaillé vert avec guirlande de pampes, la bordure en relief également émaillé, au milieu un Médaillon en or avec cercle émaillé et *le chiffre d'Elisabeth II, impératrice de Russie, en diamant.*

43 — Charmante petite Tabatière en or, émaillé violet avec petits Médaillons très-finement ciselés, représentant des Dauphins, époque Louis XVI.

44 — Très-belle Tabatière en *vernis Martin*, à fond quadrillé miroitant, *sujet galant, d'après Lancret.*

45 — Autre Tabatière ronde en *vernis Martin*, montée en or, avec peinture, d'après Joseph Vernet.

46 — Autre Tabatière ronde en *vernis Martin*, à fond grenat rayé de blanc, montre en or, le Médaillon représente une femme en costume Louis XVI filant la barbe d'un moine, sujet mécanique.

47 — Tabatière en écaille avec miniature, bouquet de fleurs, par M. *Valayer-Coster.*

48 — Superbe Boîte en vieux laque à fond d'or, ornée sur le couvercle d'un dragon en relief, intérieur aventurine avec tigre également en relief.

49 — Petit carnet en laque, intérieur aventurine; riche monture en or, avec son crayon également en or, époque Louis XVI.

50 — Boîte en pierre d'Améthyste montée en or, reprétant un personnage grotesque avec boutons d'habit en truquoise, époque Louis XV.

51 — Tabatière en agate avec ornements en burgan et or, dessins de pagodes et d'oiseaux.

52 Miniature, par *Heinsius*, portraits de Louis XVI.

53 — Deux Miniatures de Charlier, portraits de Dames, époque Louis XV.

54 — Miniature de *Dumont*, jeune Dame tenant son Enfant.

55 — Petit Portrait de dame avec cadre émaillé, *miniature attribuée à Stall*.

56 — Miniature représentant la Visite de Marie-Antoinette, dauphine, chez la Dubarry.

57 — Portrait du roi Louis XV, miniature dans sa bordure en bronze.

58 — Les trois Grâces soutenant l'Amour, miniature *par Degault*.

59 — L'Enlèvement d'Europe, miniature époque Louis XV.

60 — Boîte en ivoire avec miniature de Saveignac.

Éventails.

61 — Petit Éventail en ivoire et vernis Martin, sujet mythologique, époque Louis XIV.

62 — Riche éventail avec monture en nacre, à jour avec sujets en vernis Martin, d'après Boucher, et incrusté de pierres de couleurs, la feuille entourée d'une miniature, sujet mythologique, époque Louis XV.

63 — Éventail chinois en ivoire laqué, avec sujets de figures sculptés à jour.

Bijoux, Émaux.

64 — Deux petits médaillons en émail représentant des Amours, avec petite monture en or de couleur et à jour, époque Louis XVI.

65 Médaillon en or avec fond d'émail vert et le chiffre de *Marie-Antoinette en brillants.*

66 Petit médaillon en argent monté de Strass avec petit portrait de dame en miniature, époque Louis XVI.

67 Très-beau médaillon en argent représentant *Marie-Antoinette* en buste.

68 — Très-belle Broche en or massif finement ciselé, au centre un camée à trois touches, tête de femme.

69 — Montre en or, époque Louis XVI, avec émail et brillants.

70 — Autre montre en or de couleur ciselé, avec médaillons d'attributs de chasse, époque Louis XVI.

71 — Petit Étui en cristal de roche avec monture en or émaillé.

72 — Petit Émail sur or, époque Louis XIV, portrait de seigneur.

73 — Autre petit Émail sur or, même époque, portrait d'une princesse royale.

74 — Plaque de Collier en caillou du Rhin, montée d'argent, époque Louis XVI.

75 — Boucles d'oreilles en caillou du Rhin, montées d'argent, époque Louis XVI.

76 — Autre paire de Boucles d'oreilles en caillou du Rhin, montée d'argent, époque Louis XVI.

77 — Croix en caillou du Rhin, montée d'argent, époque Louis XVI.

78 — Deux Bracelets en caillou du Rhin, montés d'argent, époque Louis XVI.

79 — Deux Plaques en wegwood, entourées de caillou du Rhin.

80 — Boucles d'oreilles en caillou du Rhin et pierres de couleur.

81 — Autre paire de Boucles d'oreilles en caillou du Rhin avec ornements en or.

82 — Pendentif en caillou du Rhin, monture argent.

83 — Deux Plaques de Bracelet en caillou du Rhin, monture d'argent.

84 — Presse-papier en jaspe évidé, monté en or, époque Louis XV.

85 — Petite pièce formant encrier et porte-plume, en or fin émaillé, *travail persan* avec cabochon en rubis.

Objets divers.

87 — Petite Pendule italienne à clocheton en bronze doré du xvi⁰ siècle.

88 — Flambeaux Louis XIV en bronze doré.

89 — Petit vase en verre rubis avec monture en argent doré représentant un petit Amour.

90 — Deux Salières Louis XV en argent ciselé, avec leurs verres de Bohême gravés de l'époque.

91 — Deux autres Salières Louis XVI en argent ciselé avec leurs verres de Bohême gravés de l'époque.

92 — Quatre Coquetiers en argent.

93 — Petit Vidrecome en ivoire, à sujets de Bacchanales.

94 — Boîte en vernis Martin avec quatre petites boîtes en ivoire de couleur, gravée, contenant des jetons.

95 — Petit Bas-relief en bois sculpté, personnages du xvi⁰ siècle.

96 — Petit Flacon *en pâte tendre de Chelsea*, représentant les Petits Maraudeurs.

97 — Autre Flacon en porcelaine de Saxe, Femme tenant un petit chien.

98 — Encrier en émail de Saxe, fond rose., médaillon de paysage.

99 — Deux Coupes en jade très-finement évidées.

100 — Sous ce numéro, les Objets omis au Catalogue.

Renou et Maulde, imprimeurs de la Compagnie des Commissaires-Priseurs, rue de Rivoli, 144.   9778

www.ingramcontent.com/pod-product-compliance
Lightning Source LLC
LaVergne TN
LVHW010848180726
843502LV00009B/3768